一柳 慧

独奏マリンバのための

源流

TOSHI ICHIYANAGI
THE SOURCE

for solo marimba

SJ 1061

SCHOTT

独奏マリンバのための《源流》は、神谷百子の委嘱によって作曲され、1990年6月21日東京で初演された。

演奏時間——10分

"The Source" for solo marimba was commissioned and premiered by Momoko Kamiya in Tokyo on June 21, 1990.

Duration: 10 minutes

Accidentals apply only to each note.

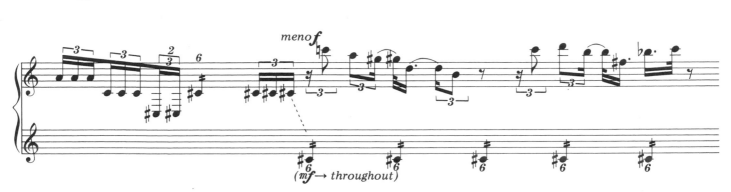

The Source
for solo marimba
源流
独奏マリンバのための

Toshi Ichiyanagi

一柳 慧

I

*1 Grace notes should not be played fast. Play melodically.
*2 (>) means mild accent.

*1 装飾音は速くならないこと。旋律のように。
*2 （>）は、柔らかいアクセントで。

II

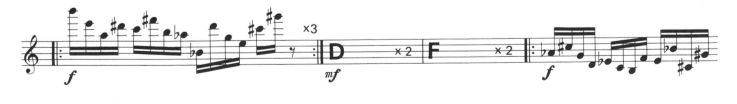

poco rit. - - - - - - - - - - - - - - - -

Meno Mosso ♪ = 74

rit. -

ppp
attacca

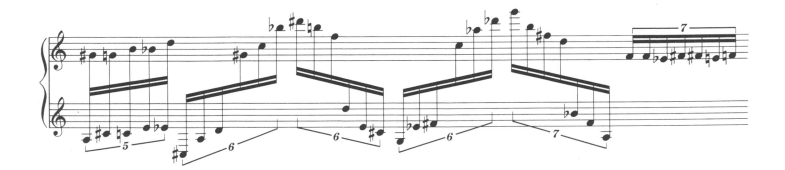

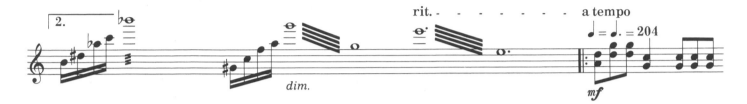

一柳 慧《源流》　　　　　　　　　　　●

独奏マリンバのための

初版発行―――――――――――――1991年4月25日

第2版第5刷⑦―――――――――――2020年12月10日

発行――――――――――――――ショット・ミュージック株式会社

――――――――――――――――東京都千代田区内神田1-10-1 平富ビル3階

――――――――――――――――〒101-0047

――――――――――――――――(03)6695-2450

――――――――――――――――www.schottjapan.com

――――――――――――――――ISBN 978-4-89066-361-3

――――――――――――――――ISMN M-65001-098-6